ARMIN TÄUBNER

Die Engel
der guten Wünsche

aus Naturmaterial gebastelt

Wer von uns wünscht sich das nicht – einen Engel, der uns zu jeder Zeit zur Seite steht, uns beschützt und tröstet und uns, je nach Gemütslage, Geborgenheit, Ruhe oder Energie schenkt?

In diesem Buch begegnen Ihnen gleich 20 Engel der guten Wünsche. Sie wünschen u.a. Mut, Zufriedenheit, Glück, Vertrauen, Gesundheit, Lebensfreude, Gelassenheit, Dankbarkeit, Kreativität – je nachdem, was Sie oder Ihre Lieben gerade am nötigsten brauchen.

Die Körper der himmlischen Begleiter werden aus Aststücken, Wellpappe, Zapfen, Steinen, Muscheln oder anderen Naturmaterialien gefertigt. Sie erhalten Köpfe aus Holzkugeln und Flügel aus Prägefolie oder Federn. Ihre Frisuren entstehen aus Märchenwolle, Jute oder Islandmoos, ihr Haar- oder Halsschmuck aus hübschen Perlen. Mit den selbst gestalteten himmlischen Botschaftern können Sie dann einem lieben Menschen oder sich selbst eine Freude machen.

Viel Spaß beim Basteln und Verschenken wünscht Ihnen

Unsere Extras für Sie

Im Buch finden Sie liebevoll gestaltete Aufkleber, hübsche Geschenkanhänger und kleine Engelskarten zum Ausschneiden. Verschenken Sie die Karten zusammen mit Ihrem selbst gemachten Engel. So kann der Beschenkte Ihren guten Wunsch immer bei sich tragen.

Engel der

Freundschaft

Er hilft dir dabei, Freunde zu finden, auf die du zählen
kannst – die dich nicht ändern wollen, sondern dich an-
nehmen, so wie du bist. Ich wünsche dir Freunde mit offenen
Ohren, mit dem Mut zur Wahrheit und mit der Gabe zu schweigen
über alles, was du ihnen anvertraust.

MOTIVHÖHE

ca. 14 cm

MATERIAL PRO ENGEL

» je 1 Holzkugel, durchbohrt, ø 2 cm und ø 3,5 cm

» je 2 Holzkugeln, durchbohrt, ø 1,2 cm und
  ø 1,5 cm

» Kreidefarbe (Chalky Finish) in Jade und Lavendel

» Jutekordel in Natur, ø 3 mm oder ø 4 mm, 10 cm
  lang (Arme) und 26 cm lang (Aufhängung, Hals
  und Beine)

» Alu-Prägefolie in Silber, 10 cm x 4 cm

» 25 Rocailles in Flieder, ø 2,6 mm (Kranz)

» 7 Rocailles in Flieder, ø 2,6 mm (Armband)

» Silberdraht, ø 0,4 mm, ca. 10 cm und 5 cm lang

» Holzbohrer, ø 4 mm

» Häkelnadel

VORLAGE

Seite 44, Flügel F

1 Die Holzkugel mit 3,5 cm Durchmesser
für den Rumpf mithilfe des Holzbohrers
in der Kugelmitte quer durchbohren, um
dort die Arme durchführen zu können.
Diese Holzkugel anschließend mit
Kreidefarbe bemalen und nach Wahl mit
Filzstift beschriften.

2 Ein Ende der Armschnur zur Hälfte durch
das gerade gebohrte Loch in der Rumpfkugel stecken. Nun durch die schon
bestehende Bohrung mit der Häkelnadel
die Mitte der anderen Schnur so weit
durchziehen, dass sie als Hals ca. 7 cm
übersteht. Diesen Überstand durch den
Kopf (Holzkugel, ø 2 cm) ziehen, sodass
über dem Kopf als Aufhängung noch
2–3 cm Schnur überstehen. Die verblei-
benden Holzkugelpaare als Hände und
Füße auf die Schnurenden aufstecken
und festkleben.

3 Vom Flügelpaar eine Schablone anfertigen (siehe Umschlagklappen). Den Umriss der Flügelschablone mit dem leer geschriebenen Kugelschreiber auf die Prägefolie übertragen und die Flügel mit der Schere ausschneiden. Mit dem Kugelschreiber etwa 2 mm vom Flügelrand entfernt noch eine Linie eindrücken. Nun die Flügel von hinten an den Rumpf kleben.

4 Für den Kranz 25 Rocailles auf den Silberdraht auffädeln, die Enden miteinander verdrehen und diese hinten am Kopf befestigen. Für das Armband entsprechend sieben Rocailles auf den Draht fädeln, dem Engel um den Arm legen und die Enden ebenfalls miteinander verdrehen.

Engel der Liebe

Er hilft dir dabei, den guten Kern in dir und in den anderen zu entdecken, um ihnen voller Liebe und Geduld begegnen zu können. Lasse vergangene Enttäuschungen in deinem Herzen verblassen und sich auflösen. Ich wünsche dir, dass du von anderen geliebt wirst und dich selbst auch liebst.

MOTIVHÖHE
ca. 5,5 cm

MATERIAL PRO ENGEL
» getrocknete Rosenblüte
» einzelnes Rosenblütenblatt
» 2 Federn in Weiß
» Holzkugel, durchbohrt, ø 2 cm

1 Die Rosenblüte so abschneiden, dass noch ca. 2 cm vom Stiel übrig bleiben. Auf diesen Stiel die Holzkugel als Kopf aufstecken und zusätzlich aufkleben.

2 Ein kleines Blütenblatt von einer anderen Blüte als Kopfbedeckung aufkleben. Beidseitig am Hals von hinten die zwei Federn als Flügel ankleben.

TIPP

Als Kopfschmuck Rocailles auf Silberdraht auffädeln. Die Drahtenden miteinander verdrehen und auf ca. 1 cm kürzen. Dieses Drahtende hinten am Kopf ankleben oder Siebiegen aus rotem Aludraht ein Herz. Anfang und Ende des Drahtes befinden sich dabei zwischen den beiden Bögen an der Oberseite. Die beiden Enden mit Silberdraht mehrfach umschlingen. Den Draht dem Engel dann als Kette um den Hals legen.

Engel der Treue

Er hilft dir, treu und verlässlich zu sein und so anderen Menschen gut zu tun. Vergiss nie, dass Treue stets ein Geben und Nehmen und ein Geschenk ist. Ich wünsche dir Menschen, die treu zu dir stehen, dir Geborgenheit und Sicherheit schenken und auf die du dich verlassen kannst.

MOTIVHÖHE
ca. 17 cm

MATERIAL
- grobe Wellpappe, 25 cm x 14 cm
- Holzkugel, durchbohrt oder halbgebohrt, ø 3,5 cm
- 2 Holzhalbkugeln, ø 1,5 cm
- Rundholzstab, ø 6 mm, mindestens 5 cm lang
- Karton mit Leinenstruktur in Hellblau, 15 cm x 15 cm
- Viskosekordel in Hellblau, ø 2 mm, 30 cm lang
- Jutekordel in Natur, ø 3–5 mm
- Eternity-Symbol in Silber, 3 cm lang

VORLAGE
Seite 44, Flügel B

1 Die Wellpappe zum Rumpf aufwickeln. An einer Seite zuvor den Rundholzstab als Hals einstecken und einkleben. Der Stab steht dabei ca. 2 cm über. Die Holzkugel als Kopf aufstecken.

2 Von der Jutekordel 20 cm lange Stücke abschneiden und aufdrehen. Je nachdem, aus wie vielen Schnüren die Kordel gedreht ist, 2-, 3- oder 4-fach, werden mehr oder weniger Kordelabschnitte benötigt. Die aufgedrehten Schnüre in der Mitte mit einem extra Stück Schnur fest zusammenbinden. Diese Perücke auf den Kopf kleben und mithilfe der Schere frisieren.

3 Vom Flügelpaar eine Schablone anfertigen (siehe Umschlagklappen). Die Flügel mithilfe dieser Schablone ausschneiden und mit einem Filzstift beschriften.

4 Die Flügel von hinten am Rumpf ankleben und vorne die Holzhalbkugeln als Hände ankleben. Das Eternity-Symbol auf die blaue Kordel auffädeln, die Enden verknoten und um den Hals hängen.

Engel der Achtsamkeit

Er hilft dir, dich selbst wertzuschätzen und zu achten, so wie du in jedem Moment bist. Spüre, dass das Leben voller Freude und Lebendigkeit ist. Ich wünsche dir, dass du es schaffst, immer auf deine Wünsche, Sehnsüchte und Bedürfnisse, aber auch auf deine Grenzen zu achten.

Motivhöhe
ca. 9 cm

Material
- Holzstücke, abgeschliffen, ca. 6 cm lang
- Holzkugel, halbgebohrt, ø 2 cm
- Rundholzstab, ø 3 mm, 2 cm lang
- 2 Perlhuhnfedern
- kleines Schneckenhaus, ø 1–1,5 cm
- Bohrer, ø 3 mm
- Kartonstreifen in Creme, z.B. 5 cm x 1 cm
- Faden in Creme, 10 cm lang

1 Das Holzstück für den Engelrumpf ggf. an der Unterseite gerade absägen, damit eine Standfläche entsteht. Die gegenüberliegende Seite anbohren und den Rundholzstab einstecken. Die Kopf-Holzkugel aufstecken. Auf der Rückseite mit der Klebepistole die beiden Federn fixieren. Das Schneckenhaus vorne ankleben.

2 Den cremefarbenen Kartonstreifen nach Wahl beschriften, mit der Vorstechnadel lochen und den Faden durchziehen. Das Schild dem Engel um den Hals hängen und die Schnurenden verknoten.

Engel der
Hoffnung

Er hilft dir, wenn du nicht weißt, wie es weitergehen soll.
Dann macht er dein Herz stark und deine Träume lebendig.
Lenke deinen Blick weg vom steinigen Weg hinauf in die
Wolken und weiter bis zum Horizont. Ich wünsche dir, dass
deine Zweifel verfliegen und deine Ängste schwinden.

MOTIVHÖHE

ca. 10 cm

MATERIAL PRO ENGEL

» Aststück, ø ca. 2 cm, 7 cm lang

» Holzkugel, angebohrt, ø 2,3 cm

» Rundholzstab, ø 6 mm, 3 cm lang

» Rupfenband, 7 cm breit, 10 cm lang

» Karton mit Leinenmuster in Hellgrün,
   9 cm x 9 cm

» Papierstreifen in Hellgrün, 1,2 cm x 8 cm

» Erikamoos-Girlande, ø 0,5 cm, 9 cm lang

» Häkelgarn oder Zwirn in Dunkelgrün,
   15 cm lang

» Holzbohrer, ø 6 mm

VORLAGE

Seite 45, Flügel N

1   Das Aststück mithilfe des Holzbohrers an einer Seite
    anbohren, den Rundholzstab als Hals einstecken und
    die Holzkugel als Kopf aufstecken.

2   Das Aststück mit dem Rupfenband umkleben. Anstel-
    le von Rupfenband kann auch Filz oder Leinengewebe
    etc. verwendet werden.

3   Vom Flügelpaar eine Schablone anfertigen (siehe Um-
    schlagklappen). Mithilfe dieser Schablone den Umriss
    mit Bleistift auf die glatte Rückseite des gemusterten
    Kartons übertragen und ausschneiden. Das Flügel-
    paar auf der Rückseite des Rumpfes, dort, wo Anfang
    und Ende des Rupfenbandes übereinandergeklebt
    sind, befestigen.

4 Aus dem Girlandenstück den Haarkranz biegen und auf den Kopf kleben.

5 Den hellgrünen Kartonstreifen beschriften, mit der Vorstechnadel lochen. Das Schild dem Engel um den Hals legen und die Kordelenden verknoten.

Engel der Zufriedenheit

Er hilft dir, Ereignisse deines Lebens wertzuschätzen, die guten wie die schwierigen. Blicke stolz auf das, was du bereits in deinem Leben gemeistert hast! Ich wünsche dir, dass du, für ein Gefühl von Zufriedenheit, glückliche Momente erkennst und mit einem Lächeln genießt.

Motivhöhe
ca. 12 cm

Material
- Holzkugel, halbgebohrt oder durchbohrt, ø 3 cm
- Rundholzstab, ø 6 mm, 3–4 cm lang
- Aststück, ø ca. 2 cm, 8 cm lang
- Filz in Sandfarbe, 21 cm x 8 cm
- Wollvlies (Märchenwolle) in Kupfer/Rotbraun, 12 cm lang
- Kupferdraht, ø 0,3 mm, 6 cm lang
- Aludraht in Kupfer, ø 2 mm, 10 cm lang
- Alu-Prägefolie in Kupfer, 18 cm x 10 cm
- gewachste Baumwollkordel o. Ä. in Rotbraun, ø 1 mm, 15 cm lang
- Kartonstreifen in Sandfarbe, ca. 10 cm x 1 cm
- feiner Filzstift in Schwarz
- Holzbohrer, ø 6 mm

Vorlagen
Seite 45, Flügel O, und Seite 47, Streifen K

1 Das Aststück mithilfe des Holzbohrers an einer Seite anbohren und den Rundholzstab als Hals einstecken, darauf die Holzkugel aufstecken.

2 Die Vorlage für die Ummantelung auf den Filz übertragen und ausschneiden. Das breite Ende des Filzstücks am Aststück ankleben (siehe Arbeitsschrittfoto). Das Aststück damit umwickeln und anschließend die Spitze des Filzstücks ankleben.

3 Das Wollvlies auf 12 cm Länge kürzen, in der Mitte mit dem Kupferdraht als Scheitel eng umwickeln und die Drahtenden miteinander verdrehen. Diese Perücke auf den Kopf kleben. Aus dem Aludraht einen Ring formen und auf die Haare kleben.

4 Vom Flügelpaar eine Schablone anfertigen (siehe Umschlagklappen). Den Umriss der Flügelschablone mit dem leer geschriebenen Kugelschreiber auf die Prägefolie übertragen, die Flügel mit der Schere ausschneiden. Mithilfe des Kugelschreibers etwa 2 mm vom Flügelrand entfernt noch eine Linie eindrücken. Nun die Flügel von hinten an den Rumpf kleben.

Engel des Mutes

Er hilft dir, entschlossen und kühn Hindernisse zu bewältigen. Bedenke die Gefahren und beziehe sie in dein Handeln ein. Auch der Mutige kennt Ängste, aber er überwindet sie und geht mit Bedacht seinen Weg. Ich wünsche dir Energie und Stärke auf deinem Weg zum Erfolg.

MOTIVHÖHE
ca. 15 cm

MATERIAL PRO ENGEL

» Wein- oder Sektflaschenkorken
» Holzkugel, ø 2,3 cm
» Islandmoos in Natur
» Veloursband in Braun, 3 mm breit, ca. 8,5 cm (Stirnband, Kragen) und 2 x 4,5 cm (Korkbesatz)
» Alu-Prägefolie in Gold oder Silber, 10 cm x 5 cm
» Buchstabenperlen, ø 6 mm (M, U, T) und 12 Holzperlen, ø 6 mm sowie Zwirn (Buchstabenkette)
» Korkbuchstabensticker, ø 1,3 cm und ø 1,8 cm

VORLAGEN
Seite 44, Flügel D und E

1 Vom Flügelpaar eine Schablone anfertigen (siehe Umschlagklappen). Den Umriss dieser Schablone mit dem leer geschriebenen Kugelschreiber auf die Prägefolie übertragen und die Flügel mit der Schere ausschneiden. Mithilfe des Kugelschreibers etwa 2 mm vom Flügelrand entfernt noch eine Linie eindrücken. Die Flügel von hinten an den Rumpf kleben.

2 Das Wort „MUT" entweder auf einen Alustreifen prägen, mit Korkbuchstabenstickern auf den Korken kleben oder mit den Buchstabenperlen und den kleinen Holzperlen eine Kette anfertigen, die um den Korken gebunden wird.

3 Als Kopf entweder die Holzkugel oder einen 1,5 cm breiten Korkenabschnitt mit der Klebepistole auf den Korkenrumpf kleben. Mit Alleskleber das Islandmoos als Haare aufkleben.

4 Mit dem Veloursband ggf. noch Verzierungen am Kopf oder Rumpf anbringen.

Engel des Schutzes

Er hilft dir dabei, dein Ziel stets sicher zu erreichen und wehrt ab, was dir an Gefahren droht – von anderen und von dir selbst. Setze auf steinigen Wegen immer deine Kraft und deine Umsicht ein und stärke deine Intuition. Ich wünsche dir Ruhe und Gelassenheit, auch in schwierigen Situationen.

MOTIVHÖHE

ca. 16 cm

MATERIAL

- » Holzkugel, durchgebohrt, ø 3 cm
- » 3 Bastelhölzer, 2 cm x 15 cm
- » Bastelholz, 1,1 cm x 11 cm
- » Kupferdraht, ø 0,3 mm, 10 cm lang (Halskette)
- » Alu-Prägefolie in Kupfer, 18 cm x 10 cm
- » gewachste Baumwollkordel o. Ä. in Rotbraun, ø 1 mm, 30 cm lang
- » Jute oder Wolle in Kupferrot
- » 20 Perlen in Dunkelrot, ø 4 mm
- » Holzbohrer, ø 3 mm

VORLAGE

Seite 44, Flügel F

1 Eines der großen Bastelhölzer mit Filzstift beschriften. Wenn die Farbe verläuft, einfach einen Papierstreifen beschriften und aufkleben. Das obere Ende des Bastelholzes 0,5 cm vom Rand entfernt durchbohren.

2 Die beiden anderen großen Bastelhölzer nebeneinanderlegen und das beschriftete Bastelholz so auf diese beiden kleben, dass es oben etwa 0,5 cm übersteht. Das kurze Bastelholz in der Mitte durchsägen und die beiden Teile als Arme links und rechts leicht nach außen abstehend ankleben.

3 Für die Haare die Jute oder Wolle in 12 cm lange Stücke schneiden. Die Jute- oder Wollstücke aufdrehen und mit dem Kupferdraht zusammenfassen. Die Drahtenden miteinander verdrehen und auf ca. 1 cm kürzen.

4 Durch das gebohrte Loch im Rumpf die Baumwollkordel zur Hälfte durchziehen und die beiden Enden durch die Kopf-Holzkugel ziehen. Die Haare zwischen den beiden Kordelenden auflegen, die Kordelenden über den Haaren anziehen und verknoten. Die abstehenden Haare nach Wunsch kürzen und ggf. ankleben.

5 Auf ein 10 cm langes Kupferdrahtstück die Perlen auffädeln und als Kette dem Engel um den Hals legen.

6 Von der Flügelvorlage eine Schablone anfertigen (siehe Umschlagklappen). Den Umriss dieser Flügelschablone mit dem leer geschriebenen Kugelschreiber auf die Prägefolie übertragen und die Flügel mit der Schere ausschneiden. Mit dem Kugelschreiber etwa 2 mm vom Flügelrand entfernt noch eine Linie eindrücken. Die Flügel von hinten an den Rumpf kleben.

Engel der
Kreativität

Er hilft dir, deine Gefühle in kreatives Schaffen umzusetzen und Farbe, Gestaltung und Freude in dein Leben zu bringen. Entfalte deine Kreativität frei und spontan, so bist du fähig, deine Empfindungen vollkommen darzustellen. Ich wünsche dir, dass du zeitlebens inspiriert bist.

MOTIVHÖHE
ca. 11 cm

MATERIAL
PRO ENGEL

» Rundkopf-Wäscheklammer, 11 cm lang
» Tortenspitze in Weiß, Rot und/oder Gelb, ø 16 cm
» Prägekartonrest in Weiß
» Kammzug- oder Wollvliesrest in Weiß, Rot und/oder Gelb

VORLAGEN
Seite 45, Flügel L, und
Seite 46, Zuschnitt M

1 Die Wäscheklammer ggf. mit Schleifpapier nachschleifen bzw. glätten (siehe Arbeitsschrittfoto).

2 Die Tortenspitze in der Mitte falten und auseinanderschneiden. Dabei darauf achten, dass beim Falten die Randbögen genau aufeinanderliegen. Die Schablone für das Kleid auf eine Tortenspitzenhälfte legen und den Umriss nachschneiden. Den Kleidzuschnitt an den beiden gestrichelten Linien (siehe Vorlage) falten. Den schmalen Randstreifen mit Klebstoff bestreichen, das Kleid um die Wäscheklammer legen und hinten zusammenkleben.

3 Die Haare aus Wollvlies gestalten und oben aufkleben. Von der Flügelvorlage eine Schablone anfertigen (siehe Umschlagklappen). Diese Flügelschablone auf die glatte Rückseite des weißen Prägekartons legen, den Umriss nachziehen und ausschneiden. Zum Schluss die Flügel von hinten ankleben.

Engel des
Vertrauens

Er hilft dir dabei, dir selbst und deinen Fähigkeiten zu vertrauen. Gehe vertrauensvoll auf andere Menschen zu und schaue stets gelassen auf dein Leben, um die richtigen Entscheidungen treffen zu können. Ich wünsche dir, dass dein Vertrauen in die Menschen nie enttäuscht wird.

MOTIVHÖHE
ca. 24 cm

MATERIAL
- » Leimholzbrett, 25 cm x 15 cm, 20 mm dick
- » Sperrholz, 20 cm x 20 cm, 4 mm oder 5 mm dick
- » 2 Holzhalbkugeln, ø 2 cm
- » Leinenzopf
- » Kreidefarbe (Chalky Finish) in Rosa und Weiß
- » Messingdraht, ø 0,4 mm, 8 cm lang
- » Stoff-Klebeband (Fabric Tape) in Weiß, 1,5 cm breit, 24 cm lang
- » Karton in Weiß, 7,5 cm x 4,5 cm

VORLAGEN
Seite 46, Körper I und Flügel J

1 Vom Rumpf und den Flügeln Schablonen anfertigen (siehe Umschlagklappen), die Konturen auf das Leimholz und das Sperrholz übertragen und aussägen. Die Ränder mit der Feile abrunden und dann mit Schleifpapier glätten.

2 Rumpf und Flügel mit der Kreidefarbe bemalen, den Kopf unbemalt lassen. Unten am Rumpf ringsum die Spitzenborte ankleben.

3 Vom Leinenzopf ein 20 cm langes Stück abschneiden, das in der Mitte mit dem Messingdraht zusammengefasst wird. Das Bündel in der Mitte umknicken und dann die Leinfasern alle auf die gleiche Länge schneiden. Diese Perücke mit Alleskleber auf den Kopf kleben. Die Flügel mit der Klebepistole von hinten am Rumpf fixieren.

4 Den weißen Karton beschriften und zusammen mit den beiden Holzhalbkugeln als Hände vorne am Rumpf ankleben.

Engel der Ruhe

Er hilft dir dabei, die Hektik des Alltags von dir abfallen zu lassen, Körper und Geist zu entspannen und die eigenen Kräfte zu regenerieren. Lasse deine Gedanken zur Ruhe kommen. Ich wünsche dir, dass du fernab von Unrast und Lärm zu Gelassenheit und innerem Frieden findest.

Motivhöhe

» 9 cm bis 10 cm

Material pro Engel

» Stein, 5–6 cm hoch
» Holzkugel, ø 2,5 cm oder ø 3 cm
» Moos
» 2 Perlhuhn- oder Hahnenfedern

1 Für den Engelrumpf einen Stein auswählen, der eine ausreichend große Stellfläche hat. Den Stein am besten vor dem Ankleben der anderen Teile beschriften.

2 Das Moos entweder mit Alleskleber oder mit der Klebepistole als Haare an der Kopf-Holzkugel ankleben. Die Holzkugel auf den Stein kleben. Von hinten als Engelflügel noch die beiden Federn befestigen.

Tipp

Anstelle der gefundenen Steine können Sie auch Specksteine verwenden. Specksteine sind relativ weich und es gibt sie in vielen Farben. Sie können mit einer alten Säge zurechtgesägt und mit Raspel und Feile nach Wunsch modelliert werden. Anschließend wird der Engelrumpf noch mit Schleifpapier geglättet und mit Speiseöl eingelassen.

Engel der

Erinnerung

Er hilft dir, die wichtigen Momente deines Lebens zu bewah-
ren. Gedenke der schönen Augenblicke, aber verdränge auch
die schwierigen nicht; du wirst wachsen und daraus Kräfte
zehren. Ich wünsche dir Erinnerungen, die dein Herz erfüllen
und dir auch in Jahren noch ein Lächeln ins Gesicht zaubern.

MOTIVHÖHE
ca. 10 cm

MATERIAL

» je 1 Holzkugel, durch-
  bohrt, ø 1 cm und
  ø 1,8 cm

» Bastelspan, 2 cm x 9 cm
  (Flügel) und 2 cm x
  15 cm (Rumpf)

» 22 Rocailles in Weiß,
  ø 2,2 mm

» Silberdraht, ø 0,3 mm,
  8 cm lang

» Faden in Weiß,
  40 cm lang

VORLAGE
Seite 44, Flügel Q

1 Vom Flügelpaar Schablonen anfertigen (siehe Umschlagklappen). Diese Schablone auf den 9 cm langen Spanstreifen legen und daran entlang schneiden.

2 Für den Rumpf den langen Spanstreifen in der Mitte auf beiden Seiten mit dem Finger mit Wasser anfeuchten, damit er beim Biegen nicht bricht. Dann den Streifen biegen und die Streifenenden so aufeinander-kleben, dass dazwischen eine v-förmige Kerbe entsteht. Die Streifen-enden von den beiden inneren Ecken schräg nach außen bis zur oberen Rumpfwölbung zuschneiden.

3 Für die Beschriftung einen Buntstift verwenden („Schönes bleibt", „Bei dir", „Bin bei dir"). Filzstifte oder Tintenroller eignen sich nicht, da die Tinte auf dem Span sofort zerfließt. Die Flügel auf der Rumpfrückseite ankleben.

4 Die kleine Holzkugel auf den Faden auffädeln und dann beide Faden-enden von unten durch den Rumpf und die große Holzkugel als Kopf ziehen.

5 Für den Kranz die Perlen auf den Silberdraht aufziehen, die Drahtenden miteinander verdrehen und auf 1 cm kürzen. Die Drahtenden am Hinter-kopf des Engels ankleben.

Engel des Friedens

Er hilft dir, achtsam mit dir selbst umzugehen, denn nur wer mit sich selbst im Einklang und in Frieden lebt, kann auch nach außen hin Frieden und Harmonie schaffen. Ich wünsche dir Ruhe und Gelassenheit für ein tiefes, friedvolles Lebensgefühl.

Motivhöhe
Kleiner Engel ca. 11 cm
Großer Engel ca. 14 cm

Material pro Engel

- Holzkugel, halbgebohrt, ø 2,5 cm (kleiner Engel) oder ø 3,5 cm (großer Engel)
- Holzkugel, durchbohrt, ø 2 cm
- Rundholzstab, ø 6 mm, 6 cm lang (kleiner Engel) oder 10 cm lang (großer Engel)
- Wollvlies (Märchenwolle) in Weiß
- Gänsefedern in Weiß, 2 x (kleiner Engel) oder 4 x (großer Engel)
- kleine Feder in Weiß (Kopfschmuck)
- Taubenanhänger in Silber, 2,5 cm hoch
- 32 Indianerperlen in Weiß, ø 4,5 mm
- Silberdraht, ø 0,4 mm, 20 cm lang
- Häkelgarn in Weiß, ø 1 mm
- Silberfaden, ø 1 mm, 20 cm lang

1 Für den großen Engel an einem Ende des Rundholzstabes die Kopfkugel, ø 3,5 cm, und am anderen Ende die Rumpfkugel, ø 2 cm, aufstecken und ankleben (siehe Arbeitsschrittfoto). Das Bohrloch der kleinen Kugel muss evtl. etwas erweitert werden.

2 Am Rundholzstab direkt an der Kopfkugel das Häkelgarn so anknoten, dass das kurze Fadenende ca. 10 cm lang ist. Das Wollvlies dicht um die Rumpfkugel und dann um den Holzstab bis zum Hals hin bis zur gewünschten Dicke umwickeln. Mit dem langen Ende des Häkelgarns den Rumpf nach unten hin und wieder nach oben fest umwickeln. Anschließend das kurze und das lange Fadenende verknoten und kürzen.

3 Bei den Flügeln darauf achten, dass jeweils zwei Federn eine Links- bzw. Rechtsbiegung haben. Auf der Rückseite die Federn hinter die Fäden stecken und ggf. noch etwas Klebstoff oder Heißkleber auftragen, damit die Federn in Position bleiben.

4 Für den Kranz des großen Engels die Perlen auf den Silberdraht auffädeln, die Drahtenden miteinander verdrehen und rechtwinklig nach unten biegen. Die Drahtenden am Hinterkopf ankleben. Der kleine Engel erhält ein Stückchen Feder als Kopfschmuck.

5 Der große Engel erhält zudem noch eine Kette mit einem Tauben-Anhänger. Diesen auf den Silberfaden auffädeln, die Enden verknoten und die Kette dem Engel um den Hals legen.

Engel des Glücks

Er hilft dir dabei, stets offen zu sein für die kleinen und großen Wunder des Lebens. Fühle dich für dein eigenes Glück selbst verantwortlich und trage durch dein Verhalten auch zum Glück der anderen bei. Ich wünsche dir stets wache Sinne, dein Glück zu erkennen und zu genießen.

MOTIVHÖHE
ca. 7 cm

MATERIAL PRO ENGEL

» Wäscheklammer, 7 cm lang
» Holzperle, ø 8 mm
» Kartonrest mit Leinenstruktur in Weiß und Beige
» Satinkordel in Rot, ø 2 mm, 5 cm lang
» Faden in Weiß
» Filzstreuteil: Kleeblatt in Grün, ø 2 cm, und Fliegenpilz, 1,5 cm lang

VORLAGEN
Seite 44, Flügel G und Zuschnitt H

1 Die Drahtspirale von den Wäscheklammer entfernen und die beiden Holzteile umgekehrt zusammenkleben (siehe Arbeitsschrittfoto). Die Satinkordel so um den Hals kleben, dass sich Anfang und Ende im Nacken befinden.

2 Vom Flügelpaar eine Schablone anfertigen (siehe Umschlagklappen), ebenso vom Kleid. Die Konturen der beiden Schablonen auf die glatte Rückseite der beiden Kartons übertragen und ausschneiden. Das Kleid mit dem Filzstift beschriften. Das Kleid von vorne und die Flügel von hinten am Rumpf ankleben.

3 Die Holzperle in zwei Hälften spalten. Dazu eine Schneideunterlage unterlegen. Das Messer oder die Cutterklinge genau auf die Mitte der Bohrung der Holzperle aufsetzen und mit einem leichten Hammerschlag die Perle spalten. Die halben Perlen als Hände aufkleben.

4 Wenn der Engel aufgehängt werden soll, den weißen Faden um den Hals legen und auf der Rückseite verknoten.

Engel der Lebensfreude

Er hilft dir, das Leben in vollen Zügen zu genießen. Achte auf die Menschen, die das Leben mit dir teilen, und die vielen Chancen, die du hast, dein Leben zu gestalten. Ich wünsche dir die Erkenntnis, dass dein Leben ein Geschenk und Grund zu Dankbarkeit und Freude ist.

Motivhöhe
Fichtenzapfen-Engel ca. 18 cm
Kiefernzapfen-Engel ca. 12 cm

Material
- Holzkugel, durchbohrt, ø 3 cm (Kiefernzapfen-Engel) und ø 3,5 cm (Fichtenzapfen-Engel)
- Fichtenzapfen, z. B. 11 cm lang
- Schwarzkiefernzapfen, z. B. 8 cm lang
- Aludraht, ø 2 mm, 15 cm lang
- Islandmoos in Natur
- Hahnenfedern in Weiß (Kiefernzapfen-Engel)
- Federflügel-Paar, z. B. 12 cm x 12 cm (Fichtenzapfen-Engel)
- Faden in Weiß

Passen Sie die Größe der Holzkugelköpfe an die Zapfengröße an, da die Zapfengröße teilweise stark variiert. Für den Kiefernzapfen-Engel eignen sich Schwarzkiefernzapfen besser, weil diese deutlich größer als die Zapfen der Kiefer sind.

Kiefernzapfen-Engel

1 Die Holzkugel als Kopf auf die Zapfenspitze aufstecken. Aus dem Aludraht einen Ring in Größe der Holzkugel formen und den restlichen Draht rechtwinklig biegen. Das umgebogene gerade Stück von oben in die Kopf-Holzkugel einstecken, ebenso den Aufhängefaden. Die Kopf-Holzkugel nun zusätzlich mithilfe der Klebepistole an der Zapfenspitze fixieren.

2 Mit der Klebepistole die Haare aus Islandmoos oben auf dem Kopf und die Hahnenfedern als Flügel von hinten am Zapfen fixieren.

FICHTENZAPFEN-ENGEL

1 Den Aufhängefaden und den Heiligenschein-Stiel aus Aludraht (siehe Schritt 1 beim Kiefernzapfen-Engel) mit der Klebepistole in die Kopf-Holzkugel kleben.

2 Das Islandmoos als Haare oben auf den Kopf kleben. Erst jetzt den Kopf auf den Stiel des Fichtenzapfens kleben und zum Schluss die Engelsflügel von hinten am Zapfen befestigen.

Engel der
Reise

Er hilft dir, sicher ans Ziel zu kommen und mahnt dich,
besonnen und vorsichtig zu sein. Habe aber stets auch den
Mut, unbekannte Wege zu gehen und verliere nie die Hoffnung.
Ich wünsche dir, dass du deinem Weg treu bleibst und dein
Ziel nie aus den Augen verlierst.

MOTIVHÖHE
ca. 6 cm

MATERIAL PRO ENGEL
» verschiedene Muscheln, ca. 4 cm lang
» Holzkugel, durchbohrt, ø 1,5 cm bzw.
  ø 1,8 cm
» alte Landkarte, 12 cm x 4 cm
» Wollrest in Weiß
» Kartonrest in Weiß
» Zwirn oder dünnes Häkelgarn in Weiß,
  10 cm und 40 cm lang

VORLAGE
Seite 44, Flügel E

1 Den 40 cm langen Faden in der Mitte knicken und diese
Knickstelle mit der Klebepistole an der Muschel fixieren.

2 Vom Flügelpaar eine Schablone anfertigen (siehe
Umschlagklappen). Den Umriss dieser Schablone auf die
Landkarte, am besten einen Küstenstreifen, übertragen
und ausschneiden. Dann das Flügelpaar entweder mit
der Klebepistole oder mit Alleskleber von hinten an der
Muschel befestigen.

3 Die Holzkugel als Kopf auf die beiden Fadenenden auffädeln und dazwischen als Haare den aufgedrehten Wollrest legen. Die Fadenenden anziehen, sodass der Wollrest
fest auf dem Kopf liegt und dann zwei Knoten machen.
Die Engelfrisur mit der Schere zurechtschneiden und ggf.
mit Klebstoff zusätzlich fixieren.

4 Den Kartonstreifen beschriften und zurechtschneiden.
Mit der Vorstechnadel lochen, den kurzen Faden durch-
ziehen, die Fadenenden verknoten und das Schild dem
Engel umhängen.

Engel der Weihnacht

Er hilft dir, den Zauber der Heiligen Nacht in dir wach zu halten – an jedem Tag. Genieße die Vorfreude in der Adventszeit und mache dich frei von Stress und Hektik. Ich wünsche dir viele besinnliche Momente mit lieben Menschen, die dein Herz erfreuen.

Motivhöhe

ca. 27 cm

Material

- Birkenast, ø 6 cm oder ø 7 cm, 20 cm lang
- Holzkugel, durchbohrt, ø 5 cm
- Sperrholz, 32 cm x 20 cm, 4 mm dick
- Rundholzstab, ø 8 mm, 6 cm lang
- Leinenzopf
- Aludraht in Gold, ø 2 mm, 20 cm lang
- Goldkordel, ø 2 mm, 25 cm lang
- Messingdraht, ø 0,4 mm, 10 cm lang
- Acrylfarbe in Gold
- Holzbohrer, ø 8 mm
- Bohrer, ø 2 mm

Vorlagen

Seite 45, Flügel C, und
Seite 47, Stern

1. Den Birkenast mithilfe des Holzbohrers an einem Ende anbohren und den Rundholzstab als Hals einstecken.

2. Vom Flügelpaar eine Schablone anfertigen (siehe Umschlagklappen), ebenso vom Stern. Die Umrisse auf das Sperrholz übertragen und beide Teile aussägen. Die Sägeränder mit Schleifpapier glätten, beide Teile golden anmalen, trocknen lassen. Den Stern durchbohren, die Goldkordel durchziehen, die Kordelenden verknoten und die Stern-Kette dem Engel um den Hals hängen.

3. Vom Leinenzopf ein 20 cm langes Stück abschneiden und dieses in der Mitte mit dem Messingdraht zusammenfassen. Die Drahtenden miteinander verdrehen und auf 1 cm kürzen. Die Perücke auf die Holzkugel kleben. Die Holzkugel als Kopf auf den Hals stecken.

4. Aus dem Aludraht einen Ring, ø 5 cm, formen und den restlichen Draht rechtwinklig biegen. Das umgebogene gerade Stück mit der Klebepistole von hinten am Kopf ankleben.

5. Zum Schluss die Flügel mithilfe der Klebepistole von hinten am Rumpf fixieren.

Engel der Gesundheit

Er hilft dir dabei, für dein Wohlergehen zu sorgen und zu erkennen, was dir gut tut. Achte auf die Bedürfnisse deines Körpers, sorge für emotionale Stabilität und sei dankbar für deine Gesundheit. Ich wünsche dir offene Augen, um die kleinen Freuden des Alltags zu erkennen und zu genießen.

MOTIVHÖHE

ca. 17 cm

MATERIAL

- » großer Apfel, ca. 7 cm hoch
- » Holzkugel, ø 4 cm
- » Wollrest in Weiß
- » Karton mit Leinenstruktur in Grün, 20 cm x 20 cm
- » Kartonrest in Rot
- » Zwirn in Rot
- » UHU Patafix

VORLAGE

Seite 44, Flügel A

1 Vom Flügelpaar eine Schablone anfertigen (siehe Umschlagklappen). Den Umriss der Flügelschablone auf die glatte Rückseite des grünen Kartons übertragen und die Flügel ausschneiden.

2 Von der Wolle 15 cm lange Stücke abschneiden und aufdrehen. Dann die aufgedrehten Wollfäden in der Mitte mit einem extra Wollfaden zusammenfassen. Die so entstandene Perücke auf die Kopf-Holzkugel kleben und mit der Schere die Frisur zurechtschneiden.

3 Einen 1 cm breiten grünen Kartonstreifen beschriften und diesen mit der Schere kürzen. Diesen Streifen auf einen etwas breiteren roten Kartonstreifen kleben. An den beiden Streifenenden mit der Vorstechnadel jeweils ein Loch einstechen, den roten Zwirn durchziehen und anknoten.

4 Die Flügel mit einem wieder ablösbaren Klebekissen (Patafix) am Apfel fixieren. Der Kopf wird nicht angeklebt oder aufgesteckt, sondern nur aufgelegt.

Engel der Dankbarkeit

Er hilft dir, dankbar für das zu sein, was dir in deinem Leben gegeben wird. Beginne deine Tage ausgeglichen, genieße die Schönheit der Natur und erlebe bewusst, was dir alles gelingt. Ich wünsche dir, dass du stets dankbar auf dein Leben und die Menschen, mit denen du zusammenlebst, blicken kannst.

MOTIVHÖHE
ca. 23 cm

MATERIAL

» 25 Zweige, ø 3–5 mm, 16 cm lang (Rumpf)

» 6 Zweige, ø 3–5 mm, 25 cm, 23 cm, 21 cm, 19 cm, 17 cm und 15 cm lang (Flügel)

» Zweigbündel, ø 1–2 mm, 10 cm lang

» Holzkugel, durchbohrt, ø 4 cm

» geglühter Draht, ø 0,7 mm, 2 x 60 cm lang (Rumpf) und 2 x 40 cm lang (Flügel)

» geglühter Stieldraht, ø 1,4 mm, 15 cm lang

» geglühter Draht, ø 0,4 mm, ca. 5 cm lang

» Bindfaden, ø 1 mm, 20 cm lang

» Karton in Creme, 1,5 cm x 8 cm

1 Den Rumpf zweimal mit dem geglühten Draht (jeweils 60 cm lang) umwickeln; mittig und oben. Jedes Drahtstück dreimal sehr straff um das Bündel wickeln und auf der Rückseite die Drahtenden mehrfach miteinander verdrehen. Den oberen Draht ca. 2 cm unterhalb der Zweigenden positionieren. Den mittleren Zweig für den Hals vor dem Abbinden etwa 2 cm nach oben ziehen.

2 Für die Flügel die sechs unterschiedlich langen restlichen Zweige der Größe nach nebeneinanderlegen und mit den beiden 40 cm langen geglühten Drähten die Flügelform webend verbinden.

3 Für die Haare ein Zweigbündel mit dem dünnen Draht abbinden.

4 Für den Heiligenschein aus dem Stieldraht einen Ring, ø 2,5 cm, formen und dann den restlichen Draht rechtwinklig nach unten biegen.

5 Die Holzkugel als Kopf auf den Hals stecken, ebenso den Heiligenschein und das Zweigbündel aufstecken und zusätzlich mit der Klebepistole fixieren.

6 Den Kartonstreifen beschriften, lochen, auf den Bindfaden fädeln, die Enden verknoten und das Schild dem Engel um den Hals binden.

Hinweis

Wenn die Zweige durchgetrocknet sind, schrumpfen sie ein und der Engelrumpf lockert sich stark. Er sollte deshalb nochmals mit Draht abgebunden werden.

Engel der Gelassenheit

Er hilft dir, auch in schwierigen Situationen ruhig zu bleiben. Lasse dich nicht unter Druck setzen und fälle keine vorschnellen Entscheidungen, sondern suche das Gute im gegenwärtigen Moment. Ich wünsche dir, dass du souverän und entspannt alle Klippen des Lebens umschiffst.

Motivhöhe
ca. 20 cm

Material
- Leinenzopf, ca. 30 cm lang (Rumpf), 12 cm lang (Haare)
- Maulbeerbaumpapier in Natur, 30 cm x 12 cm
- Holzkugel, durchbohrt, ø 3,5 cm
- Jutekordel, ø 3 mm oder ø 4 mm, 60 cm lang

Vorlage
Seite 47, Flügel P

1 Das 30 cm lange Leinenbüschel genau in der Mitte mit der Kordel zusammenfassen und beide Schnurenden durch die Holzkugel ziehen (siehe Arbeitsschrittfoto). Das kurze Leinenbüschel auf die Holzkugel zwischen die beiden Schnurenden legen und darüber die Schnurenden verknoten.

2 Vom Flügelpaar eine Schablone anfertigen (siehe Umschlagklappen). Den Umriss mit Bleistift auf die glatte Rückseite des Maulbeerbaumpapiers übertragen und ausschneiden. Dann die Flügel mithilfe der Klebepistole von hinten am Rumpf fixieren.

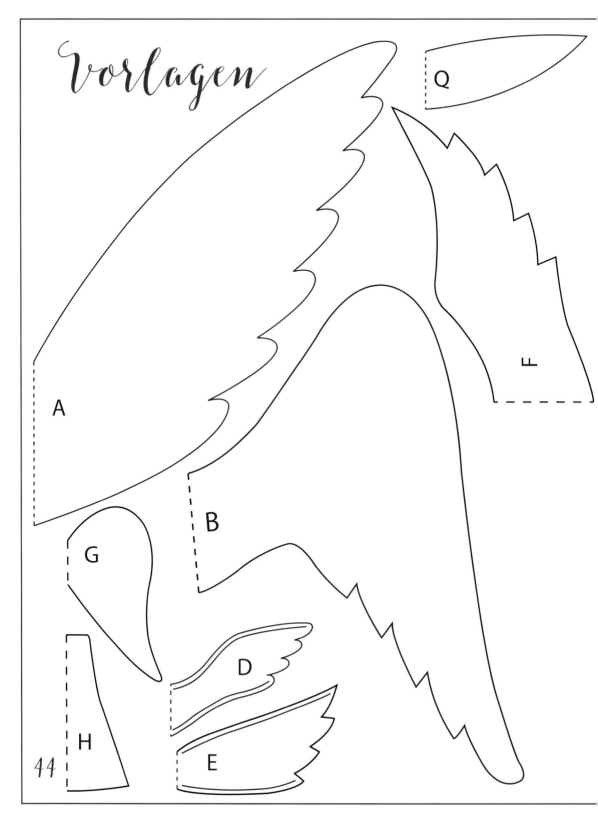

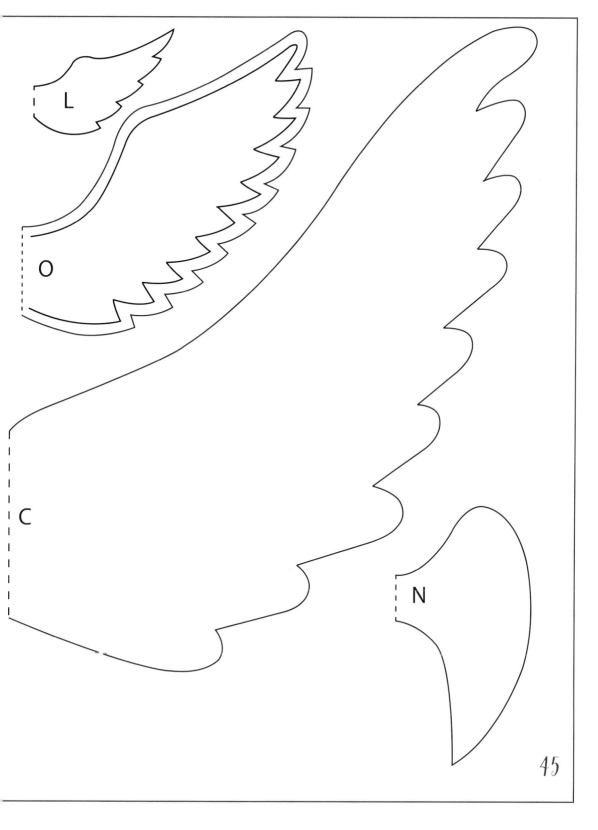

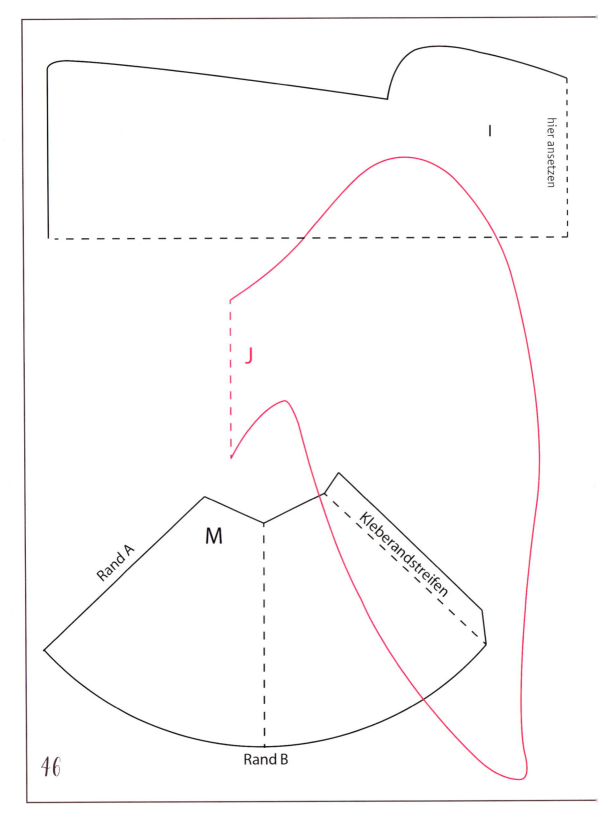

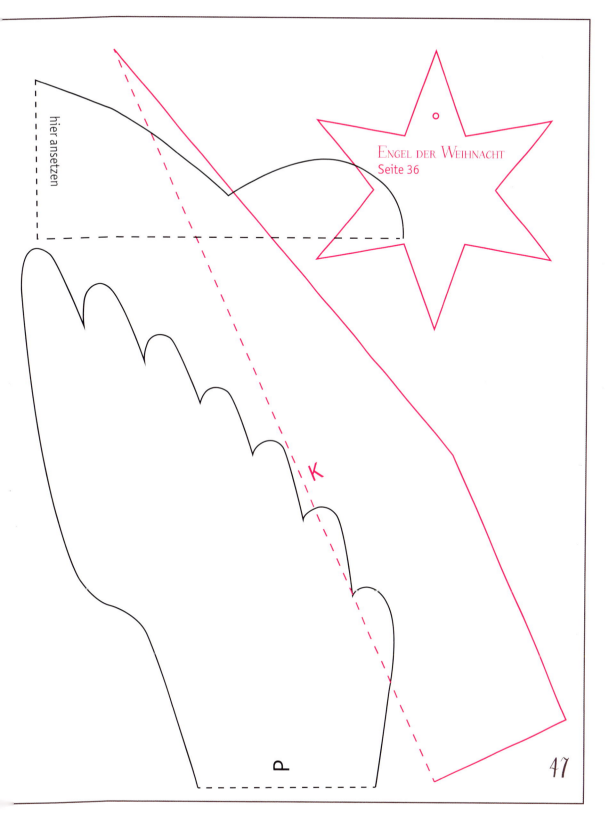

Armin Täubner lebt mit seiner Familie auf der Schwäbischen Alb und ist seit über 25 Jahren als ungemein vielseitiger Autor für den frechverlag tätig.
Eigentlich ist er Lehrer für Englisch, Biologie und Bildende Kunst. Durch seine Frau, die unter ihrem Mädchennamen Inge Walz noch heute Bücher zu den verschiedensten Techniken im frechverlag veröffentlicht, kam der Allrounder zum Büchermachen. Zweifelsohne ein Glücksfall für die kreative Welt! Es gibt fast kein Material, das Armin Täubners Fantasie nicht beflügelt, und kaum eine Technik, die er sich nicht innerhalb kürzester Zeit angeeignet hat.

DANKE!

Ein herzliches Dankeschön an die Firmen Rayher, Laupheim, Marpa Jansen, Mönchengladbach, und Ludwig Bähr, Kassel, für die freundliche Bereitstellung von Materialien.

TOPP – Unsere Servicegarantie

WIR SIND FÜR SIE DA! Bei Fragen zu unserem umfangreichen Programm oder Anregungen freuen wir uns über Ihren Anruf oder Ihre Post. Loben Sie uns, aber scheuen Sie sich auch nicht, Ihre Kritik mitzuteilen – sie hilft uns, ständig besser zu werden.

Bei Fragen zu einzelnen Materialien oder Techniken wenden Sie sich bitte an unseren Kreativservice, Frau Erika Noll.
mail@kreativ-service.info
Telefon 0 50 52 / 91 18 58

Das Produktmanagement erreichen Sie unter:
pm@frechverlag.de
oder:
frechverlag
Produktmanagement
Turbinenstraße 7
70499 Stuttgart
Telefon 07 11 / 8 30 86 68

LERNEN SIE UNS BESSER KENNEN! Fragen Sie Ihren Hobbyfach- oder Buchhändler nach unserem kostenlosen Magazin **Meine kreative Welt.** Darin entdecken Sie dreimal im Jahr die neuesten Kreativtrends und interessantesten Buchneuheiten.

Oder besuchen Sie uns im Internet! Unter **www.topp-kreativ.de** können Sie sich über unser umfangreiches Buchprogramm informieren, unsere Autoren kennenlernen sowie aktuelle Highlights und neue Kreativtechniken entdecken, kurz – die ganze Welt der Kreativität.

Kreativ immer up to date sind Sie mit unserem monatlichen **Newsletter** mit den aktuellsten News aus dem frechverlag, Gratis-Bastelanleitungen und attraktiven Gewinnspielen.

IMPRESSUM

FOTOS: frechverlag GmbH, 70499 Stuttgart; lichtpunkt, Michael Ruder, Stuttgart; Armin Täubner (alle Arbeitsschrittfotos)
PRODUKTMANAGEMENT: Claudia Mack und Monique Rahner
LEKTORAT: Redaktionsbüro Uta Koßmagk, Wiesbaden
LAYOUT UND SATZ: Sophia Höpfner und Heike Köhl
DRUCK: GPS Group GmbH, Österreich

Materialangaben und Arbeitshinweise in diesem Buch wurden von dem Autor und den Mitarbeitern des Verlags sorgfältig geprüft. Eine Garantie wird jedoch nicht übernommen. Autor und Verlag können für eventuell auftretende Fehler oder Schäden nicht haftbar gemacht werden. Das Werk und die darin gezeigten Modelle sind urheberrechtlich geschützt. Die Vervielfältigung und Verbreitung ist, außer für private, nicht kommerzielle Zwecke, untersagt und wird zivil- und strafrechtlich verfolgt. Dies gilt insbesondere für eine Verbreitung des Werkes durch Fotokopien, Film, Funk und Fernsehen, elektronische Medien und Internet sowie für eine gewerbliche Nutzung der gezeigten Modelle. Bei Verwendung im Unterricht und in Kursen ist auf dieses Buch hinzuweisen.

1. Auflage 2015
© 2015 **frechverlag** GmbH, 70499 Stuttgart
ISBN 978-3-7724-4181-3 • Best.-Nr. 4181